Made in the USA
Las Vegas, NV
07 April 2021

20997813R00056